AF220252

John von Kleist

Den Zweifel bei der Hand nehmen

Gedichte 2018 bis 2022

*Bibliografische Information der Deutschen Nationalbibliothek:
Die Deutsche Nationalbibliothek verzeichnet diese Publikation
in der Deutschen Nationalbibliografie; detaillierte
bibliografische Daten sind im Internet
über dnb.dnb.de abrufbar.*

© John von Kleist

Herstellung und Verlag: BoD – Books on Demand, Norderstedt

ISBN: 9783756225064

Für A, L und E

Bestürztmischung

alles schmeckt sauer
wenn du zu viel geraucht hast
alles wird teurer
wenn du zu viel Scheiß gebaut hast
wir werden immer schlauer
und manche dadurch traurig

Leicht variiert

treten diese Lettern
öfter auf
im Folgenden

Umgebungsgeräusche

knallhart konzipiert
so dass man sie
fast überhört

Die Zeit

geht mit mir durch
Zeit spielt für mich
Zeit verläuft
sich nicht
doch Zeit sondert
Zeit fokussiert
Zeit verschwendet
manchmal auch Lebensenergie
Zeit spielt mit mir
Zeit entzieht
Zeit verliert nicht
aber sie lügt

Illusionsverlust

wieder war es diese Furche
die ihr durch die Lider zuckt
ihr Herz war trocknend
die Waden gekrampft
Barrieren gebrochen
Träume verrannt

Irgendwie Basel

eine Stadt
ein Zwitschern
ein vergangener Moment
der Augenblick zuckt zurück
beim Anblick von Ergebnissen
ein Standard
eingestimmt
heute Nacht
besinnungslos
vermeintlich unerheblich
professionell ausgeräumt
vertaut und gespannt
alleine gelassen

Jegliche Regung

immer nur und ausschließlich
vielleicht deswegen
verstanden, verdichtet, verdaut
weit weg von den Schenkeln

Alles kann langweilig sein

was sich auf mir räkelt
ist gleich dem
was in mir gähnt
nicht immer aufregend

Selbstentwicklung

alles plötzlich vorbei
dabei vergisst man zu leicht
Nachsicht braucht Zeit

Angehörige

aufgereiht entlang der Ladentheke
erwähnt
wer wie den Tag bekämpft
und vergessen wir nicht
was wir zu bieten haben

Teenage Love

jung war sie nicht mehr
als sie mit ihm schlief
älter wurden sie
jeder für sich

Ach wie gut, was ich nicht weiß

ein beleuchtetendes Insekt
der Rest liegt im Schatten
in einem anderen
Sonnenabend
Zustand
bitte aufstehen
Sicherheit
bitte hinsetzen
Wahrheit
auf einem Bein bitte
Liebe
einmal kurz in die Hocke
Sorgen
einfach umdrehen

Der Hamster

stand stolz
in seinem Laufrad
es führt ein Weg nach draußen
doch es ist zu spät
um auszusteigen

Verunglückte Rücksendung

alles zufrieden
alles befreit
wir werden wohl bleiben
zu gehen bereit

K-Ruhe

diese Stadt
ist nicht meine Stadt
trotzdem bin ich
schon lange hier
hätte ich nichts wie ein Haustier
mit vier Wänden und weiteren Menschen
wäre ich
wohl schon gegangen

Bewegungsmelder

fast heimlich
schleicht er
sich in dich

Sonnenuntergang

und -untergänge
begleitet von Gesang
mitten aus der Enge

Wege

zu widersprüchlich ist mir hier
das Koks akkurat aufgereiht
zu Weilen eine
Kellnerin die frische Blumen bringt
die mir nichts sagen
nur am anderen Ende
wird Trost gespendet

Sommerleichen

im Morgentau
beruhigender Weise
selbstveredelt

Strandurlaub

wie überlegen scheinen die zu sein
die ständig in der Sonne liegen
ohne Skrupel und Zweifel
genießen sie Glück
ohne Zeichen, ohne Laute
mehr als scheinbar ausgeknipst
ohne Ursache
klatschen sie in die Hände
und sind zufrieden damit
dass es klingt

Sie sagt

seltsam sei ein
Stilbruch
seiner Art

sie sagt
dass ich sie nicht wisse
mehr sagt sie
leider nicht dazu

Dieser Morgen

sieht dem Gestern
erschreckend ähnlich

Diese Nacht

eintausend Zeilen
mit festgelegter
Reihenfolge
der Zufall zerfällt
in eintausend Teile
sanft dazwischen
gleitet sie nur hindurch

Im Morgengrauen

sitzen neben mir viele
verschieden von mir
nur irgendwie

Der Segen der öffentlichen Verkehrsmittel

ein leises Autorauschen
begleitet mich in aller Früh
ein stummes Kreischen
lässt es hier

fünfundzwanzig Straßenbahnen
treffen sich hier jede Nacht
herausgeputzt, so hergerichtet
einfach nur zu stehen

will jemand dabei zusehen
wie wir uns vorwärts schieben?

Vertrau auf deine Blumenkünste

wenn du weißt
was sie dir bringt
erhebe deine Stimme
damit du weißt
wie sie klingt
du musst geben
was du hast
du musst dich ruinieren
verschon mich nicht
mit Einwänden und Tanzeinlagen
du musst alles geben
damit das Versmaß nicht bricht
da ist jemand
der riecht
dein unnachgiebiges Sein
von mir aus züchte Gänseblümchen
aber lass mich
nicht fallen

Brodelnd bricht die Blaufichte

in sich zusammen
sie stammelt noch mit letzter Kraft
ihre letzten Abschiedsworte
was war das schön
für euch zu blühen
ich werde nichts dergleichen sehen
dorthin wo ich jetzt gehe

Fünf Minuten

glühender Leere
zartgerüstet im Hinterhalt
der Blick in alle Richtungen
ein Biss
ein Schrei vielleicht
und dann nochmal
fünf Minuten die Faust geballt

Dort wo

man selten hinhört
lohnt es
sich einmal zu lauschen
alleine schon wegen
der unverbrauchten Geräusche

Ach, was ein Zufall

lange ist es schon her
schönen Tag noch
und grüß mir die Schwester

Deckenrisse

wild letzte Nacht
Beckennische
das Bücherregal rettet
Gewissensbisse
wer hat uns verraten
wehäääär hat uns verraten
Deckenrisse
ach nein - nur Wolken

Die Medizinische Matratze

lag in der Ecke
und kratzte
und scheußlich anzusehen
waren ihre Tischmanieren

Wo schlafen Sie am liebsten

und wie herum gerne ein
darf es ein bisschen mehr
Brust sein
oder lieber doch den Rücken
sie lächeln
wir können all
das möglich machen

Ein, zwei Zeilen

Seitenfüller
Lückenbüßer
einer ohne Gewissen
dafür mit schnellen Füßen

Entschuldigungen

nicht wegwerfen
besser wiederverwerten
to increase the
Menschheitsniveau

Und Ursache

braucht man einen Grund
um Gedichte zu vermehren
die bloße Lust am Sein
kann man selten entgegnen

Du bist

wie ich bin
nur dazu noch
wunderschön
doch wie ich
kennst du mich
noch besser
nur du
mein kleiner Zweisiedler

Füllungen

vier Seiten Gedichte
genug für einen Tag
eintausend Fragen
wozu erwähne ich das
heute ist was los
auf den Straßen
die einen gewonnen
die anderen verlassen

Elaboriertes Labyrinth

ein Viereck Loch
hinter der Kurve
so kann man doch kein Rennen fahren
niemand
käme daran vorbei

Vor der Vorhersehung

aber wer weiß schon
noch Bescheid heute
halten wir doch
lieber die Klappe
und genießen die Beute

Ungebetene Geste

lahm gelegt
er hier
ich dagegen
dieser Umstand
zu ertragen

Leider nicht so einsame Insel

gestrandet inmitten
oder doch nur am Rand
vor bekannten Figuren
alles andere fremd
jede Hilfe
kommt jetzt zu spät
um noch rechtzeitig
anzukommen

Unzeitgemäße Betrachtung

hängt ein Hühne
an der Bar
heute mit Hut
Morgen mit einer
Agenda

Strenge dich an, aber nicht immer

Verdammt viele

Eigenheiten in diesem Raum
die grün karierte Tischdecke
aus Zellofan, der Tisch eingeschweißt
die Lampe, kaum gerettet
gegen die Wand verdreht

niemand hier möchte
erhellt werden
an der Bar
lauern Fremde im Dunkeln auf Freundschaft

das meiste Lichte hier drin
stammt von Sonnenstrahlen
reflektiert
an Autotüren

Das Sommerloch

ohne Boden
bedeckt von
Septembermorgenden

Der Gartenzaun

liegt still verwoben
trennt die Brutalität
von außen

Die Bushaltestelle

beherbergt spuren Halbwüchsiger
zwischen Sonntagnacht
und Montagmorgen
findet noch jeder einen Platz

Der Küchentisch

ist es
der mich glücklich macht
wenn ich davorsitze
und auf die braune Platte starre
will sie nichts von mir
das ist alles
was ich brauche

Der Schacht

sehnt sich nach Sonnenlicht
und Erleuchtung
ahnt er doch nichts
von deren dunklen Seiten

Die Ablösung

es riecht nach
Wurstfett
in unserem Flur
darum herum
stehen Obrigkeiten

Minimalbedürfnis

nur ein bisschen
Kälte zwischen den Fingern
die leise
die Furchen herabrieselt
setzt sich fest
am Ellbogen

Das Schwert

liegt in deiner Scheide
lass es dort liegen
es hat heute schon
so viel mitansehen müssen

Die Waffen

sind oder waren
sehr effektiv

Dieser Einfall

ist gewollt
wie künstliche Befruchtung
voller Wille
doch immer nur halber Erfolg

Der Maulwurf

spitzt die Ohren
er sitzt da
ganz angespannt
und lauscht hinein
in sein innerstes Selbst

Gemüsefabel

sprach eine Dattel
zu einer Dame
bitte nehmt mich
unvermittelt
in eure Arme

Erfolg begünstigendes Handeln

sprach der Ziegenführer
zu einem Mutterschaf
lasst mich euch leiten
in dieser dunklen Welt
ist man zu zweit einfach besser

Das Beispiel

gleicht dem Besonderen
in unendlich vielen
Facetten

Dieser Witz

war nur Teil des Anfangs
lachet erst dann laut auf
wenn ich am Ende angelangt

Kaum ein Zitat

hinter jeder schönen Aussicht
liegt der Zweifel am Standpunkt

Der Tourismus

hält ein Zwischenläfchen
zu Füßen
des Mauerparks

Zeit haben

nur manchmal ein Luxus
die Zeit ohne Unterbrechung
liegt schwer auf den Tasten
dann ist der Ton verstimmt

das Orchester
liegt nur mehr im Graben
für den nächsten Leiter
der nicht so viel Zeit hat
wie wir jetzt für uns

Die Feuerwehrsirenen

stechen durch die Nacht und stehlen
mir den letzten Gedanken des Tages

Einst wollte

ich liegen
nur liegen
und tun
was ich nicht tat
dann wieder
bin ich zufrieden
mit dem was passiert
und mit dem
was sich so ergab

Ein Gefühl von Räumlichkeit

macht sich in meinem Kopf bereit gerade dann
wenn ich auch gut darauf verzichten könnte
die Tränen um die Flächen sind umsonst vergossen
lauernde Linien
biegen sich in mein Zimmer hinein
bedrängen mein Bedürfnis
nach Zweidimensionalität

All unsere

Hoffnungen und Träume
verraten in der Sekunde
in der Licht auf sie fiel
nun gilt es
neue zu finden
an Orten
totaler Dunkelheit

Bedürfnis

vielleicht ist das Schweigen sinnvoll
nichts zu sagen
birgt so vieles in sich
nicht zuletzt
ist das Leben
eine stille Betrachtung

Die Einbahnstraße

bleibt heute
für Berufspendler gesperrt

Die über die Kluft ragt

wo ist der Wind
der den Hof ausfegt
meine Wangenknochen streichelt
mein Gehirn von Umgebungen ausschließt
meine Wünsche
mit sich davonträgt
mit Gefühl zu wissen
werden Fakten unterspült
es bleibt nur der Wind
der über die Kluft fegt
es bleibt nur ein Ast
der ins Straucheln gerät

Es war so schön

draußen zu sitzen und die Nacht zu genießen
war das nicht schön?

Die Freiheit

hält mich fest umschlossen
in ihren weit geöffneten Armen

Die Autos

in der Hirtenstraße
alle versehen
mit einer Schattenfuge

Die Jalousien

tragen keine Aufschrift
ihrer Hersteller mehr

Der Mond

versteckt sich
hinter dem Fasan

Der Technotraktor

kommt wumms
vorbeigefahren
mit einer Versammlung Eingespielter
an Bord

Der Morgen

liegt auf meinem Frühstücksteller
und

Sometimes I don't

know what I am up to

Das Aufstehen

ging auch schon mal schneller
aber heute hat die Welt
nicht viel zu bieten

Kürze

und dein Helm
liegt auf dem Schrank im Flur

only once

you stared at me
and I never
forgot your face

Seht nur dort oben

war das ein Vogel
oder die eine welche
das Fliegen erlernt?

Wenn die Vergangenheit im Jetzt gefangen ist

wie überflüssig
fällt das Licht
auf diesen lauen
Spätsommertag

Erste Hilfe Kasten

es kleben uns Pflanzen
unter den Sohlen
versüßen uns
das Weiterfinden

Ein bisschen gelebt

wir stinken ein wenig
nach Liebe vielleicht
die Luft ist ganz sämig
der Tag bald vorbei

Kein Fleisch heute nacht

der Mann der Schwester meiner Mutter schläft schon
seine Frau hat kein Fleisch gegessen
weil sie nur Kühe isst
denen sie zuvor in die Augen geschaut hat

Unbestimmt

keine Worte
für diesen Morgen
vielleicht wird dennoch
ein Tag daraus

Dots

zwei Punkte
die sich unendlich ähneln
verweilen weit
voneinander entfernt

Die Welt

ist so kompliziert
weil keine Beschreibung
sie trifft

So wie du es dir gewünscht hast

wenn der Nebel gefüttert wird
von dem Aas unserer Ideale
verändert sich kaum merklich
etwas und das meiste
bleibt gleich
und man gesteht sich
neue Schwächen ein
wenn der Nebel gefriert
pfeift der Schmerz
leicht durch die Schneeschädeldecke
und niemand kommt um
nur manch einer mit
vergisst seine Schuld
füllt nur seine Position
mit Macht aus

Attention please

I need you looking at me

Der Trialog

"Wie kann das alles Kunst sein?"
"Was 'alles'?"
"Na all das, was ist."
"Ach so,..."
"Ist das nicht ein bisschen viel Kunst?"
"Nebenan ist schon viel weniger."
"Hm."
"Vielleicht ist das gar nicht 'alles' Kunst."
"Ach - ja?"
"Ja."
"Aber das soll doch alles Kunst sein."
"Zumindest ist alles zu verkaufen."
"Kein gutes Argument. Weder dafür, noch dagegen."
"Es beschreibt nur, warum wir hier sind."
"Die Menschen auf der Erde?"
"Wir in diesem Raum."

Anpassungseffekte

du verweltlicht zusehends
schmiegst dich an Faktizität
gehst vor kleinen Dingen
auf die Knie
zum Glück denkst du dabei
igitt

Spaziergang in einer Brandung

ich kann nichts mehr tun
kann meine Taten nicht platzieren
meinen Raum nicht mehr bespielen
alles was ich hielt verhallt
alles was mich liebt verwelkt

Unvermögen

ich kann nicht ficken
und mir fehlt jegliche Feinmotorik
was mich zu der Erkenntnis bringt
auch verzweifelt klammern lohnt sich

Gut so

gute Organisation
scheint Sex zu sein
als Beweis zählt
dass beides fehlt

Reiseziel und Zwischenstop
zum Verwechseln ähnlich

ich soll mich eingliedern
ich soll mich anschließen
ich soll mich integrieren
ich soll mich umhören
ich soll mich ordnen

ich verstehe nicht
warum es nicht schön ist
alle Kriterien erfüllt
nur das Gefühl dazu fehlt

Opponent

my body is a bastard
it forces me
to like mustard

No refill

no rhythms to rime
no water to wave
no air to smoke
no fire to feel
no love worth to be mentioned
no hand to enfold
first leaks to be licked

Have you seen my stairs?

it all was my fault
and my fault it still is
not to properly love you
because I'm just shit

Fortbewegungsmittel

nichts läuft
alles geht
bestens aufgeräumt
nirgends verewigt
Neid auf Profilen
nirgends wirklich zufrieden
zu oft gerannt
zu selten gewonnen
mit allem ok
trotzdem kaum Bekanntes
bei Zeiten zu Bett
doch niemals zu zweit
die ganze Nacht wach
und immer noch allein

blindness

my feelings hurt me
most of the time
this point
leads nowhere

Annotationmark

what to do
if you don't get the rules
and what to
if you don't like them

Einführungszeichen vornan gestellt

keine Lüge mehr
an diesen Lippen
nur noch
Berührungsängste

Schlange stehen im Wald

ich muss mal wieder
Schlange stehen im Wald
bis ich an der Reihe bin
bis ich ran darf
bis es sich lüftet
dieses Rätsel, welches
so lange mitgeschleppt wird
das mich aushält
von innen und außen
nur vier Männer vor mir
eine ganze Reihe dahinter
dann wird es geborgen
dann bin ich dran

Nicht nur

nur ein bisschen anders
wollte ich deine Begleitung erschleichen
kein Gedanke kann sich
nirgends mehr einhängen
solange du nicht
an mir hängst
nichts kann mehr werden
was nicht schon war

Der Auserwählte

wer die Zeit wählt
hat etwas gewählt
hat etwas getan
anderes als Träumen
wenngleich eng damit
in Zusammenhang stehend
doch zu viel hängt zusammen
manche sagen
alles mit allem
andere denken
alles mit mir
wieder andere denken
offenbar nicht nach
und haben trotzdem eine Meinung
die nächsten zu viel
und haben keine mehr
oder zu allem
nur noch die eine
so kann man getrost
weiterhin träumen
und später entscheiden
ob man die Zeche prellt

Planken unter Füßen

darunter fehlend
der Schiffsrumpf

around and round

sometimes I don't know
how to go on
but then I appear
doing things

Durch die Singularität des Seins verhindert

wer sich alles nimmt
bekommt nichts geschenkt

Lost

everything inside of you
doesn't match with anything
around your clue

Shared dignity

disagree with irony

Open Positions

want helped

Misstreatment

rotten civilisation
why do you have to be
so meaningful
bypass inspiration
I try everythingto get a hold on
further explanations
I would do anything
to avoid you two

Der kleine Andere

mit dem Argwohn wohl vertraut
selten treiben fremde Keime
auf ihrer langen Reise
hier an meinem Haus vorbei
das mag wohl an mir liegen
dann hätte ich dafür aber gern
ein paar Cheerleader
ich scheitere gern
auch unter euren Augen
doch dann bitte mit
entsprechenden Trinkpausen

Hier nichts zu holen

sagt der Dichter zum Denker
hol dich doch der Henker
darauf der Denker zum Dichter
du wirst immer schlichter
wohin man auch blick
alles etwas ungeschickt

Rhythm

caution the line
and then move carefully backwards
when it crosses your horizon

See through dictum

there are labels at the bottom of my glass
the letters are mirrored
you can only read them
if you knee down
under the bottom
of my glas

Erkenntnis

ich halte mich für einen
jungen und adretten Typen
doch die Welt
sie straft mich
ein um das andere mal lügen

Allem Anschein nach

es war nur ein Vorschein
was kann schon geschehen
auf diesen seltsamen Mustern
fällt selbst das Gehen schwer
am adäquatesten
scheint hier der Taumel
die Karabinerhaken
klappern vor Wut

Looking glass

just stare rhythm and lines
into the air
just there
where you are
let there be
everything that is

Der Serientitel

ruft mich zu dir
verschweigt uns die Wahrheit
gleitet über der Schuld
umspielt sie mehr
als dass sie verhüllt
befriedigt gar nichts
verteilt nur das Gefühl
an Entzauberung zu scheitern

Wunsch und Widerhaken

ich wollte nichts
nun hab ich dich
das befremdet mich
zum Glück nur manchmal ein bisschen

Das Schleudertrauma

es schleudert mich
es schleust mich durch
es säuert mich
hält mich nur auf
es zaudert nicht
fällt immer ab
und stirbt derweil einfach
zwischen Dattelpalmen hindurch

Zusammenhalt

unvermittelt hastig
fahren Finger über Tasten
hinterlassen eine Ahnung von Bedeutung
man muss etwas begleichen

Warum nicht

anschließend zeigen
wo Wirklichkeit und Wahrnehmung
auseinander driften

Die Ecke

in der ich hocke
ist aus nasskaltem Stein
diese Ecke
ist dir zu wertvoll
um mich darin
abzustellen

Frühjahrsputz

alles wegschieben
verdrängen, begraben, überspielen
mittelgrau einfärben
das wird diesmal nichts
kein Opfer in Sicht

Strahlentherapie

wenn du dein Leben durchleuchtest
welcher Teil
schmeckt nach Bedeutung?

Die Leine

am Boden
der Klumpen geebnet

Konsequenz

bleibt mir suspekt
weil sie aus dem Vielen
eines macht
weil sie eine Zicke ist
und nach Ziererde riecht
weil sie Kräfte bündelt
die man zum Schweben benötigt
oder um sich Schwere zu erschaffen

Die Paarung

wenn sich der Traum mit der Stimmung
und dem Wind sanft vermischt
auch die hellgrünen Blätter saniert
nichts ist vergangen
nichts ist vergessen
all das steht uns
hier noch bevor
auch wenn es sich
nicht vor uns hinstellt

Ich habe meinem Brieffreund nie geantwortet

schreibe jenen alles die es
lesen werden einen welchen
keiner sein der es sein wollt
zu hören geh dass es sich
nicht lohne ihn zu schützen
lachen das mit meiner Delle
gewesen war welcher vorher
Erlösung dagegen viel
aus dass doch selbst Inhalt sei

Ein altbekannter Song

hey dude
bedeute doch etwas
meine doch etwas
erhole dich
belehre mich
zweifel ruhig
zweifel alles an
bevor es sich entzündet

Das Bleiben bleibt geheiligt

alles ist da
all jenes das fehlt
stets nur geschlittert
zu selten gewählt
und wenn
dann ohne Überzeugung
geleitet von Verlangen
zu beugen
alles ist fort
all jenes das zählt
bleibt nicht in Erinnerung
sondern steckt irgendwo dazwischen
gemein gemacht
mit Lebendwerten
dann abgehauen
liegen lassen
weggeschmückt
bei Seite geschoben
ignoriert und verleugnet
niemals aufgehoben

Nichtigkeiten

nicht zu fassen
nichts anzufassen
nicht zu glauben
völlig unerheblich
nur Träume bräuchte es
Träume kommen nicht aus dem Nichts
Träume führen einfach fort
was ist
nichts zu fassen
Berühren kann man nur sich selbst

Taktung

die Sonne erfüllt mich mit Leben
die Nacht saugt mich auf
kaum verdächtig
trotzdem schuldig

Ganz ehrlich

das mit uns
das wird nichts mehr
doch lassen wir das ehrlich weg
dann wird das schon wieder

Leben

warum hast du mich aufgegeben?
zeigst mir nur noch deine Kehrseite
diese ist allerdings
das bleibt einzuräumen
durchaus ansehnlich
durchaus geeignet
um mich auszuleben

Die letzte Zutat ist die

die mit der Seite aufschlägt
so liegen bleibt und niemals
wieder den Weg zurück findet
Determinismus ist irrelevant
Real ist irreversibel

Umwegsdenken

in meinem Kopf
nur noch Ausreden
für das, was ich bin
nur noch ein Abziehbild
ohne Effet

Uneheliches Erbe

ich möchte
das von dem
was ich tue
etwas für immer
irgendwie bleibt

Das Dasein

begleitet immer der selbe Beigeschmack
der allerdings in nahezu jeder Sekunde
die Nuance ändert

Please don't

make this step
don't pass the vault
stay inside your home
it's dry and cold
just stay one more night

Der Baum

wipfelt so dicht
um den Vollmond
zu entlarven

Etwas wie Tränen

so in etwa, wie Tränen
nur etwas, nicht ganz
nur hier, nicht für immer
etwas Glanz in den Winkeln
kaum unverkennbar
Tränen in etwa

Urplötzlich

alles beim Alten
alle verweilen
nichts zählt mehr
alles berechnet

Ich werde mich

nicht mehr ändern
nicht etwa
weil das gut ist
sondern weil es
nicht gut ist
auch wenn es scheint
ich sei wenn
du nicht dazugehörst

Die Einführung

von Pseudoklassen
kann zur Lösung mancher Probleme
unter Umständen durchaus hilfreich sein

Die eine Wahrheit fehlt

eintausend Zungen lecken dich
eintausend Zungen leugnen dich
deine Haut wird taub daran
bis du nichts mehr fühlst
bis du nicht mehr irrst

In der Wildnis

zwischen Rosen und Rauch
ohne Hosen, ohne euch
der Rücken gekrümmt
sowohl die Stirne als auch
ohne dass sich der Regen regt
ohne Weg, der zeigt wie er geht
sitze ich hier und rufe dich an
ich habe mich verwählt

Umgewinkelt

übers Knie gelegt
von hinten gefüttert
von vorne gestopft
das volle Leben
hineingepresst
die Umsicht veranlasst uns wegzusehen
hier regiert nur
das Recht des Geschehens

Wachstum

je klüger du bist
desto dünner scheint die Welt
nicht, dass ich das mit Sicherheit wüsste
man hat mir das nur so erzählt

Questionary

something went wrong
in the end
something didn't

In der Welt sein heißt unterscheiden

fragt sich nur
wer macht
den Unterschied

Unten das Dickicht

oberhalb des Makels
fängt die Sperrstunde an

Das Geständnis

ich bin mir ziemlich sicher
dass die Sonne mich verwöhnt
dass sie ganz bewusst und willentlich
mein Leid mit ihren Strahlen stört

Manierismen wollen enttarnt werden

das letzte
das geht
bin ich

Solotänzer

es gibt nur eins
das mich noch dasein lässt
das Prinzip des Weitertums

Wurst und Widersacher

nichts rötet den Faden
von damals ins Jetzt
ist das gut?
wer soll das wissen
es bleibt
ich zu sein eine Farce
die niemand beflügelt
die niemand
mit mir teilt

Logie oder Lage

Lust auf Neues?
bitte nicht
bitte kein Bedürfnis
kein Hunger, kein Durst
die weiß ich zu befriedigen
worin haben sie geführt
deine sogenannten Emotionen?
das Nichts sitzt hier
auf seinem kalten Hintern
wenn Joggingschuhe
die zu schnell für dich sind
immer noch die Idee
etwas zu machen
etwas zu zeigen
doch letztlich ist es
wie bei deiner ersten Freundin
ist sie einmal nicht da
bleibt sie dort für immer

Zuzug

keine Opfer die das Dasein
leugnen ohne Zeugen, die sehen
wie sich die Leute beugen
in stillem Gefälle der schreienden Meute
die für mich genommen
nur aus dir besteht
und ohne Zweifel hinterlässt
verebbt bevor sie ihre Ziele zeigte
wie ein Aktmodell seiner Vorsätze
so klug ganz ohne selbst
zu denken kehren wir uns um
und gehen selbstbestimmt
nach Hause zurück
riskieren noch etwas Stille

Quantenparasit

zuckt zwischen jetzt und hier
hin und her
als aufgehäufte Grenzen
wer ihn zu fassen sucht
der erlischt

An einem Freitag Abend, zu müde, um irgendwie zu sein

Urteilsbeschwerden ohne
Ursachenforschung stecken in
meinem Hals ohne sich
auszuloten
ohne bei Zeiten geahndet zu werden
mögen nur saure Früchte am Baum
die süßen auf dem Boden liegen
jenseits des Grabens bleibt nur
was schon ist nichts mehr
hinzu keine Hymne weil Vorrat
an Wörtern sich zu halten
zu fragen kein Zeuge bestraft
kein Richter ruft zu sich
kein Umfeld
verfängt sich in dir
kein Schlussstrich begibt sich
an seinen Platz

Zeithaufen

alles jetzt
Einsatz und Auszeit
kein Moment passt
zwischen uns
nur auf Entgrenzung beschränkt
angenehm, doch relativ
am Köder
mich mit Warten verführt
kostet es keine Kraft mehr
ihn zu übersehen

Nix für ungut

später tritt selten etwas ein
weil bis dahin
zu viel passiert und
zu wenig geschehen ist
später bleibt Traum
dann muss es nicht schlecht sein
denn Reales
muss man immer teilen

Die Welt

zerrt mich an
mit einem Winken
entblößt sich nie
mir stünde
die Stille hinzu
die abwesende Antwort
wäre nur seitdem
willkürlich bewegt
um sich zu berühren

Erwachsen sein spaltet

jedes Kleidungsstück
das ich noch nie ausgezogen habe
um danach ohne es Sex zu haben
widert mich insgeheim an

Ein Penny

und alles vorbei
welch Erleichterung
endlich löst sich die Gleichung
welch Verlust von Überschuss
genug geschrieben
kein Gemüt mehr zu begleichen

Wenig ist genug

ich möchte etwas sein
das sich fühlt
und etwas das
angefühlt wird
das muss kein ich sein
das muss nicht gut sein
es muss nur
den Trieben genügen

Externalisierte Abstandsregelung

nichts umarmt mich
so vergeht jeder Tag
so beginnt jeder Tag
und der Rest
kein Beweis
das sich etwas ereignet

lüberbelegt
bis hierhin jedenfalls
Mitteilungsbedürfnis der Mittagspause
abgestanden
unregenerierbar

wo einst ein der Bär getanzt
um einen Abdruck
zu hinterlassen
tagt in der Tiefe die Dunkelheit

Alleine schon verloren

Konstellationen bewahren die Geister
deswegen sind sie unfrei
und gefährden sich selbst
mit jedem Blick in den Spiegel

Ausrichtung

unwirsch dient der lila
Klapptisch dem neuen Mitteltum
auf der Veranda als Ablageort
für zunehmend Unbestimmtes

**Die Intention sich hübsch
zu machen kann abstoßend wirken**

als der Holzpflock
die Schminke abnahm
versank ich
in seiner Mitternachtsglut

Hier geht

nichts um mich
das mir eine Geschichte erzählt
ein eiserner Rahmen
umzingelt die Welt

Angenommen

angekommen
an den Übergängen
Schritt vorwärts
behutsam nach links drehen
Ausfallschritt
beiläufig umkehren

Erinnerung

auf dem Flur
spielt sich alles ab
er ist mein
letzter Verbündeter

Der Kitzel

mit verbundenen Augen
ins Feuer zu gehen
ist wie offenen Auges
zu existieren

Gelassenheit

aller Anschein ist leer
aller Anschein ist schwer
zu viel Zirkus tötet

Die Lösung hängt direkt vor deiner Nase

von der Wand in den Grund

Kostprobe nötig

ich werde doch nicht
diese Bratze im Frack taufen

Wer gewinnt

im Zweifel für die Angenehmen

Entscheidungsgewalt

jetzt mal Magarine bei dem Lachsersatz

Die Versicherung

doppelt fällt besser

Intimbildende Maßnahme

alle im Puppensoma

Ausdauer

wer zuletzt lacht
hat den Längsten

**Alles sofort erledigen, nur Höhepunkte
sind es wert aufgeschoben zu werden**

die Schläue vor dem Pimmel hüten

Selbsthass der Anderen

Menschen verachten
den Klimawandel

Im Zweifel für den Notfall

Rettung der Kontinenz
auf dem Heimweg in letzter Sekunde

Implizite Hinterlassrenschaften

längst ausgeglaubte Übermüdungen
kehren diese Tage wieder

Hilfsarbeiter

wer den Spaten hat
braucht für das Loch nicht zu sorgen

Keine Koordinaten verfügbar

ortloser Dunst
aus allen Himmelsrichtungen

Umgebungsdurchschnittserregung

der Zweifel ist wandelnd
sich in ein Beichtstuhlmärchen

Warum du Macht über mich besitzt

weitreichende Verfügungen
ermächtigt man am besten
durch einen uneingeschränkten
Prüfungsbeleg

Der Belag

auf den Synapsen
will sich nicht legen

Dein Realismus

entpuppt sich
als Tapetenmusik

Ob das wirklich schneller geht

ungelenke Umleitung
lebensecht

nonsense in common

I wanna say fuc*
only when I am actually fucking
I should not do it then at least

Reasoning

love is a lesbian
who likes me

restrictions

boys need to walk

way home

a mildered mile the closest

Zu guter Nacht

Schinkel oder Schenkel
mir seis bloß egal
nehme beides oder keins
oder auch nur
eins von den beiden
Exklusivrecht angewendet
die Ausnahme zum Beispiel zitiert

An der Oberfläche der Tatsachen

auf dem Boden sitzend
in der Sonne
mit einundvierzig
eigentlich wie immer
nur wirklich da
wenn alleine und leer
keinen Schritt wirklich weiter
nur eigentlich nicht schlimm
nur manchmal etwas ermüdend
vielleicht gibt es nichts mehr zu tun
nichts mehr zu denken
Denken verfängt sich
das Kleine, das Notwendige
das geht vielleicht
gerade noch
wenn auch gleich nicht mehr gut
mein Denken taugt nicht
das zu bewerten
das ist nicht genug
um sie endlich einmal wieder
zu hören
deine Furche

Erotische Fußnoten

zwischen Oberschenkel
und Unterschenkel
passt keine Anmerkung
schon besetzt
von der Kniekehle

Zwischensubstanz

warum hast du mich nicht abgeholt
von der Bushaltestelle
weil du es gewohnt warst
hinten angestellt zu werden

Zierblühpflückblumen

keine Bindung mehr nötig
Leiden entfällt
das Betrachten
nur um so schwerer

Ohne Umwege

in der Truhe liegt der Saft

Die Besinnung

keine Zeit für Trauer
einfach gerade heraus
weiterlügen

Intimitäten

aus Bammel vorm Alleinsein

Nie um eine Ausflucht verlegen

Umgehungsgeräusche

Der verlorene Küchenstreit

sie hat hier
die Dosen an

and

and I couldn't
even fall why

Selbstbewahrungen

kein Satz soll mehr
mit dem Pronomen ich beginnen

Early Finish

kind of done around here

don't stop

tue mehr
als du kannst
mach weiter
wenn es widerstrebt
denn eine Handlung
braucht den Widerstand

Winterdinger

Kälte bricht in meine Gewinne in
heute ist es
Herbst geworden

Der Rolle entborgen

in der Entspannungsecke
nur den Flächen
der Dinge unterworfen

It is all about

something I thought
but it is nothing
about anything

A Reason to why

way you be whatever loved

Future two complaints

complain failure

Verstummt

Halsweh und Fieber
auch sonst nichts zu melden
Schlupflöcher, Auswege, Hintertürchen
alles vergebens
Weitblick mit Bodenhaftung
alles versucht
unter Umständen
lauft alles hinaus
darauf oder darunter
dass sich sonst nichts mehr ändert

Die Option

dann doch
lieber träumen

no option

nothing clears
my mind anymore

**Auf einem stabilen Fundament
kann man die wackligsten Dinge ausprobieren**

ich könnte den ganzen
Tag mit Imaginieren
verbringen ohne einmal
dabei an mir zu zweifeln

Evolutionsepisoden

manchmal fühle ich mich
wie ein Affe in einem Versuchslabor
der selbstständig an sich
Experimente durchführt

ein schwarz stinkender
Kapuzenpullover
an die Hinhaltewand gepinnt
in des schiefen Schneiders Stil versunken

reisst mich ins Gelächter
verstummend die Hand zurück
ins Menschsein

I don't know why I remember this evening

and the message got lost in the signal
outside it's raining cuts and darks

just a common gesture

keep on going on

only

nur wenn jemand ist
kann etwas werden
jemand sein
einmal aufschlagen

Umsturz

alles ändern
jeden Tag
nur dabeibleiben
Rituale vernichten

Töten

wenns dich nicht umbringt
Umweltlust
in diesen Zeiten
meine Beine hingegen
in den Bauch gestanden
und um das Haupt
tiefer hängende Äste
nichts davon bleibt
wenn du nicht bist

defrosted

stay joggling

Match

compete
in competitions
compose
in compositions

Would you?

join livefully

Sometimes fear is the only thing you can do

fear the average

Base Buddhism

don't stick too much

Increase chance to have sex

do doings

I am not sure about this

summarize lovesquads

Exposure

on the darkside of spawn

Leftovers

lost in one thousand reasons

Rückblick

war es jemals
eine große Erzählung?

Something to deal with

my life will remain
unreminded

Falsifizierung

mein Leben wird
unbezwingbar bleiben

Too much expectations

something overwhelming
somehow

Into

the sunshine above
my head tries to kill
the shadow below me
this has been all

Twice

no more need to run
all cases are lost

Über Umwege nicht angekommen

jede Menge Spuren gelegt
doch am Ende der Fährte
nichts hinterlassen

Contribution

commit things
to existence
not to
unexistence

Ausschussabteilung

jede Menge Zeilen gezeugt
doch am Ende der Bedeutung
keine Referenz angegeben

jede Menge Brüste beäugt
doch am Ende des Lichts
keine zum Liegenbleiben

Schlußanlage

jede Menge
wie genug
hohe Qualität
hinsichtlich des Tiefgangs

Trockenfrüchte

eingestampft
Verwertungsritual
ausgehöhlt
lass uns weitersuchen

Weggabelung

wieviel verpasst
an unermesslichen Weiten

Outsourcing

nicht fähig
zu multiplen Orgasmen
beim ersten Zucken schon
alles vorbei

Der innere Wachhund

du bewahrst
eine Hütte
nennst sie zu Hause
legst dort Teppichboden aus
stattest sie
traumhaft aus

Verspätete Einsicht

deine Blicke sind die Taten meiner Unvernunft
falls ich überhaupt etwas damit zu tun habe

Das Kollegium

es gibt diese Sorte Mensch
die immer Tiefergelegtes
wollen und dann enttäuscht sind
wenn da nichts liegt

Love and Deploy

ich würde gerne etwas berichten
aufgrund deines Desinteresses
gibt es für mich wohl Besseres
zu tun
was ich zu bieten habe
gebietet nicht genug

Tut mir besser

was tut mir besser
die Zeit oder das Messer
sicherlich kein
Zeitmesser
höchstwahrscheinlich nur
temporär du

Should not prove that

I couldn't believe in it
so I didn't

Pitstop

stop your car
in the middle of the treatment
taking your time
for having your greed

Die Kanäle des Lebens bleiben immer die selben

wohin mit dem Hass?
dorthin wo auch ohne

Ohne Zauber

wenn das Wort des Sehens
dir keinen Auftrag mehr gibt
solltest du alleine weinen

die Sommerzeit liegt im Sterben
dies ist eine schlechte Epoche
zu viel Überlebenswille

Gelübde

du zählst an den Fragen ab
ob man sich was zu sagen hat
oft wird dann noch
nachbestellt

Klassentreffen

so viel Freude muss man
erst einmal verkraften
die Autonomie des Guten
fährt wieder auf Sicht

Der Durst

die Düsternis kriecht durch die Fensterritzen
eine Gefühlswelt ganz wie Sauerrahm

Sideeffet

ein Blick auf meinen Bruch verrät
dass es das
noch nicht ganz war
dass das alles
uneins ist
dass alles hinter uns liegt
und wie viel Druck
das von uns nimmt
und wieviel Zaudern
das zerstört
wieviel Weihrauch
das zum Überkochen bringt
und die Kieferknochen der Kinder
davon träumen

Nach dem Frühstück nochmal ins Bett legen

umzüngelt von
Angstgespielinnen

Lass mir dir sagen

wenn Sprache in dir stecken bleibt
höre auf
mit der Welt zu spielen
sprich es aus
auch wenn dir niemand
zuhört

Slopestyle

shit doesn't happen
shit appears
shit evovles

Mindestmedikation

nimm dieses hier
zu Protokoll
unserer unvereinbarer
Lebensentwürfe
dann siehst du wieder
Worte am Horizont

Schichtbeginn

let's finalize
this Kontrollverlust
verlegen sie mit mir
ihren Sieg auf Morgenfrüh

Colleteral Damage

so many people
out there
so few
in here
und ohne es zu merken
richtete ich die Umstände so ein
dass sie es mir nicht erlaubten
glücklich zu sein

Dark Spaces

in der Dunkelkammer bleibt
kein Platz für Gejammer
hier zählt nur das Negativ
hier hat nur Gewicht
was nicht es selbst ist
ich lade dich hiermit
dazu ein gemeinsam
nicht mehr wir zu sein

Der Querverweis

die Vorstellung zieht mich zu dir

Die obligatorische Quittung der Kardinalität

frisst mitten in mich ein Loch
dort muss ich nicht mehr
ob alles zu spät ist
ohne dass sich das Schilf
im Winde bemerkt
keine Zulassungsbeschränkung regelt
ob meine Bestrebung
weniger ist als dein Glück

Erstwohnsitz

ich wohne zuerst
in einer schönen großen Wohnung
mit zwei großen schönen Söhnen
manche sagen
ich hätte Talent verschwendet
manche sagen
das war schon immer klar
manche sagen
mein Schwanz würde glänzen
doch nur mit dir
verbringe ich meine Zeit
weil ich bereit sein will
wenn Liebe fällt

Drang und Gedrängel

Silben folgen
undefiniert
ohne Leser
ohne Autor
nichts als
wohltuende Zwecklosigkeit

Evaluierungsphase

minutenlang
schreibe ich von links nach rechts
und nie wieder zurück
über zig tausend Ziele hinweg
um einen kleinen
Stil zu etablieren
Wundertüten zu finden
Beliebigkeiten zu markieren
ich sollte diese Handlung
so ungemein beenden
doch sie entspricht einfach zu gut
dem wahren Leben

Eine halbe Stunde Liebe

in einem Betonvakuum
wartet die Dame seiner Wahl
auf ihren Gebrauch

Endgültig

völlig verirrt
endgültig jetzt
kein Seidentuch mehr
zum Masturbieren

Der Dünger

verblühtes Leben
wenig verblüffender Tod
kein Vermächtnis
nicht mal ein Nachlass
nichts außer

Erinnerung

Seidenhäubchen

großflächig abgelehnt
selbst verschuldet
zu oft angelehnt
an die Wand
an den Leitplanken
zu viel Zeit vergessen
zu viele Leiber ignoriert
zu oft alleine
geblieben

Umzeichnung

sieht es nicht
Umrandungen
schon
Framing
nennt man dieses Widerspruchsverfahren
ich nenne das nur
Wahrnehmung

MIt wem spreche ich überhaupt

Rationalität ist nichts als die Niederlage
der unbedingten Existenz
unter ein symmetrisches Urteil

Omniprudenz

alles zu denken
das vermag niemand
alles zu sein
schon gleich gar nicht
nur träumen kann man
alles allein

Verbündete

meine Vorhaut
und die Vorderhirnrinde
sind miteinander verwachsen
zwischen drin
wird es dünn
das ist das Schlimmste

Crime novel

lückenlose Aufklärung
war gefordert worden
das Ergebnis
Bruchstücke verschwommener Erinnerung

Elementarkräfte

zerren an unserm Gebälk
auf dass es wohl zusammenhält
bis es auseinander fällt

Lass mich auf der Laufbahn liegen

hier gefällt es mir
eigentlich ganz gut
weil es gut ist
für den Organismus
und weil es
halt einfach so läuft
in Zeiten von Liebesbegehren
einfach mal Vögeln
zuschauen

Die Übersetzung

ich habe fünfzehn Minuten
um alles zu verdrängen
was mich den ganzen Tag
zu träge macht

Das Vergnügen

verbirgt sich nicht
hinter harter Arbeit

The Truth might be annyoing

roasted by sunshine
under the dock
flooded by oftens
people have problems
I just love

forgotten potential

useless
unless

Umwelt

voll von Übung
misslungen

emotional coaching

Vor bist du?

Paartherapie

wer bist du?
so genau
weiß ich das nicht

ich weiß nur
dass ich deine
Nähe schätze

Martyrium

korrelierende Scheiße
nötigt mir noch
das Letzte ab

Kommandozentrale

erfolgreich lahmgelegt
Begeisterung spröde
Bedingungen
jetzt

Das Leben

hat weder eine Überschrift
noch Kapitel
es besteht nur
aus Fußnoten
und indirekter Rede

Was du tust

ist vertan
was du versuchst
wird versaut

Risikokapital

nichts gesetzt
kaum was verloren
viel Vorsicht
alles aufgegangen
aus diesem einen banalen Grund
der Wunsch gemacht zu werden

healthless news

keine Zeit
prognostiziert
kein zu Rande kommen erreicht
nur noch Umbrüche
was bleibt
ist die Mitteldistanz

Kurz vor der Umkehr

eben noch den Sohn
davon überzeugt
dass es keine Menschen gibt
die nur oberflächlich zweifeln
tief innen drinnen
weiß ich es besser

Verewigter Zwischenstand

ich möchte
nichts mehr verbergen müssen
doch möchte ich
etwas zu entgehen sein
ich bin breit
aufgestellt das zu beichten
doch dafür
lässt du mich jetzt rein

Zeit die Flügel
schwingen zu lassen
Zeit mit der Hüfte
zu schlackern

Dehnübungen

jeden Abend
kurz bevor die Straßenlaternen
angeschaltet werden
sitze ich draußen
und warte auf Erleuchtung

Begeisterung sollte nicht gleichmäßig verteilt werden

nicht wegschauen
nicht zuschauen
nicht den Kopf in den Sand stecken
Augen zu und durch

Korrespondenz

auf jeglicher
Loyalitätsstufe
ratsam

Naturgelübde

Himmel hängen
über Menschen
im Gegensatz
zu Märchen
die etwas möchten
und bösen Mächten
die man ausprobieren könnte
du stehst auf der einen
Seite, die ich wechseln will
gehe ich ungeküsst
halte nur durch
und dich auf
so die Ansage

Kreise, bleich

Leichtigkeit lügt
wie eine unverbindliche Affäre
ganz nett ab und zu
aber nichts
was dich auf Dauer bewegt

Der Ausweg

nur ich und ein Stück Papier
neben mir hübsch aufdrapiert
eher Leidensgenossen
als Seelenverwandte
ein Fünkelchen von Arroganz
steht zu Gesicht
das Papier liegt
bleibt ungerührt
bäumt sich nicht mehr auf

| | |

Ich erschrecke vor dem Löffel
der mir entgegenrauscht
als ich meine Kaffeetasse
ansetze

Was weiß der Beweis denn schon

was wenn dein Gegenüberschenkel
keine Liebe bedeutet

Ein Ansatz

es wird dunkel
um mich herum
ich bin froh
dass die heute
beschriebenen Haushaltsgehilfen noch fehlen
und ich selbst
noch einmal das Licht löschen darf

Vermögen

nichts mit dir zu tun
soll es aber
keine andere
wie du
willst sie aber
ohne deiner Fehler Glück

Vom Selbst führen nur Wege weg, keiner führt dahin

von der Umgebung abgeschnitten
ein letztes Flackern noch
des Andersseins
das sich auf Dauer
erübrigt

Schöner Wohnen lohnt sich nicht

Wohnzimmer
prall gefüllt
über Routinen
ausgestoßen

Sie wirft den Kopf in den den Nacken und

den Gipfel anwandern

Gut genug

zu Weilen genügt ein Blick
um zu wissen dass ich lüge
ich lüge meinen Schmerz
ich lüge meine Triebe
dann fällt es schwer
Gewissheit zu erlangen
über das
was mich ausmacht
und was andere ertragen
es genügte ein Küsschen
um wahr von falsch zu unterscheiden
doch ich habe große Angst davor
was wird von uns beiden bleiben

Fallbeispiele

du bist nicht gut
was du tust
erreicht niemand
was dich nicht sofort erfreut
wird schnell mal
übergebügelt
nur weil du dich abgehängt fühlst
nur weil du
keine Ruhe geben willst
machst du weiter

Einverständniserklärung

jedem das seine
deswegen gibt es
Nachsicht
und Nachtisch
ich muss mich verausgaben
um etwas zu können

Umfang und Radius

nur manches
statt immer
nur manchmal sein darf
wird es banal
verliert es seine Stellung
und alles andere
von das zu einem
entflieht nicht mehr
und ich blank dann
einfach bei mir

Woher kommt das alles

muss ich nicht mehr
als dich zu lieben
muss ich mir vertrauen

Fear yourself before you fear others

feels like myself
when I'm out of my mind
what usually is
the case

Konsequenz

ist mir suspekt
weil sie aus dem Vielen
eines macht
weil sie Zierde hat
und nach Zirkeln verlangt
weil sie Kräfte bündelt
die wir zum Schweben brauchen
um sich Schwere zu verschaffen
gegen Wände laufend

Legen und liegen lassen

wenn du dein Leben durchliest
welchem Teil schenkst du Bedeutung
die Fläche am Boden
aus dem Klumpen
ausgestrichen

Reservierte Frequenz

wer hat hier denn die Übertragungshoheit
wer hat denn hier die Unterhosen an
wer hat schon mal danebengegriffen
und dabei bedauert
dass Glücksgriffe fahrlässig bleiben

Warum auch immer

warum Wolken
warum nicht Wixen
warum nichts Wichtiges
einläuten
warum nicht Schönheit akzeptieren
warum immer Reibung
warum niemals eins
warum immer Bestrebungen ausgleichen
und Begegnungen austarieren
warum buchstäblich
wenn Sinn sich zersetzt
warum angeblich
wenn sonst alles ausbleibt
warum nicht einfach warten

Teppiche

der dritte dieses Jahr
wir gehen viel umher
und das nicht immer leise

Seltsam selten

viel zu selten habe ich
aus
gesprochen
was
in mir war
Dinge verändern sich
wenn man sie ausspricht
Dinge verändern sich
wenn man sich ihrer erinnert
nur du bleibst
für immer bei mir
wenn ich nicht mehr
versage

uniqueness

unique after changing ids
unique after changing values
unique after changing self reference

Zuschauer gestellt

was sich entblößt vor dir
wenn du dieses Rätsel nicht löst
wird kaum so schillernd sein
wie in deiner Vorstellung
weil Phantasie keine Rückseite hat
verführen dich schneller
Ingenieurwissenschaften

Duplikat

erst wenn der erste Tropfen
meine Lippen benetzt
spüre ich meinen Durst

Kondolenzregister

seht zu
dass ihr alle die Trauerwache erfasst

Um meine Haare besser knoten zu können

fast hätte ich dir geglaubt
doch etwas hat dich verworfen
ich weiß nicht was
du weißt es ganz genau
und das weicht vollkommen auf
nicht jeder
muss alles wissen
du hast mich berührt
selbst schuld
aber glaube mir
es war nicht so schlimm
dann was verging
wird uns auf ewig zusammenhalten

Verdächtnis

kein Wort zweifelt mehr an deinen Taten
es verzweifeln jene an diesen
spätestens an der Zellwand
zerschellt die Bedeutung

Überallempfindsamkeit

wer zuerst kommt
hat schon meinen Segen
Näheumschlagplatz Nummer eins
Eindringlinge werden fündig
allgemeingläubig
widerspruchsfrei
aber nur für meinen Geschmack
wird sich schon was anderes finden
wollte ich eh nicht haben
hatte eh Mundgeruch
trotzdem irgendwie schade

Resümee

all I've done
was that I didn't

Zeugungschutzprogramm

nur Zeugen sollten
sich auf ihre Sinne verlassen
allen anderen
sei davon dringend abgeraten

Lesen und Lesen lassen

lass uns etwas
unternehmen
lass und beide
wieder in Erwägung ziehen
etwas zu sein
wie oft dachte ich
die Ursache läge außerhalb
wie oft hatte ich den Eindruck
es geht nicht gerecht zu
ich weiß nicht mehr wie
weiß kaum noch dass
alle Hände schlagen zusammen
nur meine ruht
auf deinem Arm

Zipperlein

gefoltert von Monden
drei an der Zahl
zwei Sicheln, spiegelverkehrt
säumen den runden
Ball voller Blut

Durchs Nadelöhr

durch des Nabels Fenster
zwei Einsichten entblößt
hinter den Gardinen
eine Krücke mit Bildern
an der Wand und ein
fast immer beleuchtetes
außer am Tage
doch wie sehe ich jemand
oder auch nur
um ein Hinweis
auf echtes Laub drückt

Das Riff

und dort zwischen den Stränden
liegt dein Moment
der nicht wiederkommt
wenn du ihn nicht siehst

Dickhäuterphantasien

ein Elefantenkreis
nach zwanzig Jahren Pause
die Stimmung noch nicht ausgegraut
nur einen vagen Plan der Zukunft
geweitet durch Verlangen

Kaum etwas

eingeklemmt, ausgerissen umgestülpt
in Verdacht geraten, umgebaut, abgebrochen
Unterschiede zeigen sich
oft nur bei entsprechender Beleuchtung
Gemeinsamkeiten hingegen
widern mich grundsätzlich an
Umwege spiegeln
ihren Vorteil zu selten

Pointed black

thrown by stones in the middle of the sight
no peak will poke us in the eye
no step to fill my stomach
no tear has been cried out twice
all to worry is about what to vomit

Intensivierungskonzept

ich heute
diese Gründe
Zeilensprung ins jetzt
zwischen Menschen schneiden Sinne
alles entzwei
Sprechen intensiviert das

Leistungsmaxime

dort gut werden
wo's weh tut

Implementierung von Standardabweichungen

Sondereinschätzungskennung

Ach meine Lieben...

Komparsentreffen

Auf dem Weg zu einer neuen Fehlerkultur

Schiffsjungenberichtsverfahren

Maximiser

das Multiversum entblößt
ich habe nichts mehr zu sein
bin hier und gleichzeitig weg
bin nicht gut zu einem
vergreife ich mich im daneben
alles sein
dieser Traum ist gescheitert
alles für dich
war ich nie
alles ist wahr
alles ist Lüge

Das kann eigentlich nur ein Versager denken

Können ist der seltsamste
Zustand der Welt

Der etwas andere Zeitvertreib

aus Langeweile Vögeln hilft nicht immer
ist laut Gesundheitsexperten aber durchaus zu empfehlen

Exklusivvertrag

jeder einzige
ehemals Verbündeter
ist ein ehemals
Verbündeter zu viel

Rüschen am Rücken

doch nach vorne
nur Patronen

Unter der Kühlerhaube

scheiß Leben
und es gibt nur einen Grund
weil ich ich bin
und du dumm

scheiß Kleber
und es gibt nur einen Grund
nicht klebrig genug
zu stark verdünnt

scheiß Leder
und es gibt nur einen Grund
zu sehr gegerbt
und voller Wunden

scheiß Äther
schwappst um uns herum
ich atme dich ein
und du mich bloß aus

Abschweifung

Menschen haben die seltsame Angewohnheit sich selbst zum
Objekt zu machen.

There the people

here am I
the crowd is giggling
I just sigh
you are loved
my terms are cried

Physics

Legung erzeugt
Brechung die streut
das Gewesene west an
Bevorstehung gewährt Einlass

Stockwerk Supervisor

auf den Kopf gestellt
einer neben dem anderen
der Größe nach sortiert
in mehreren Etagen
ihre Glanzlichter erfüllen den Raum
doch wenn man zu hastig vorbeigeht
sieht man sie kaum

Über dem Zapfhahn hängt

ein Relikt von Uri Geller
verzaubert die Welt
und dann
macht irgendwann auch die letzte Bar dicht

Äh

auch wenn ich aufgebe
gewinnt niemand

Untergang

ihr Vorhang hängt schief
er wurde zu hastig zugezogen
um meinen Blicken zu entkommen

Kehre

auf dem Waldspaziergang
beruhigt mich nichts mehr
ich bin eher untenrum Seele
du insistierst auf persönlichen Anweisungen

Unhintergehbare Rindsroulade

dein deutscher Kleingeist
zersetzt den Frontallappen
außer Phantasien
von deinen Träumen nichts übrig geblieben

Keine Statusänderung

das Display bleibt schwarz
alle push notifications deaktiviert
doch kaschiert das lediglich die Tatsache
dass es keine Neuigkeiten gibt

Lust von oben betrachtet

zylinderförmig flieht die Lust
in einer von oben betrachtet
sich stetig verengenden
spiralförmigen Bewegung
von unten gesehen hingegen
nur der point of no return ersichtlich

Vereinigt sind wir unsichtbar

die Tinte paart sich mit dem Schwarz der Nacht
dümmliches Gewimmer
dringt vom anderen Ende des Innenhofs herein
meinen Weg zu verlautbaren

Gestern zuviel

heute schon fällt es
wohn der Wille austreibt
kaum ein Wunsch zähmt es
du bist blass und bereit
ich sehe, es grämt dich
dass alles nur
eine Frage der Menge ist

Sonntag Nachmittag

dumpf hämmert die Versuchung an die Türe
die Bereitschaft lustvoll erleiden
überlasse ich dir
die du selten Organismen kontrollierst
mein sein als dein Sammelspander
geheiligt durch Familientradition

Uff derrär Lendstroß

hier im Rotlichtviertel
alles voller Gänseblümchen
weit gespreizte Schenkel
können einfach nur lügen

Richtungsweisend

stets weist mir mein Glied die Richtung
deswegen gehe ich langsam
mit gesenktem Haupt
wo die Maschine sich nährt
habe ich noch lange nicht versagt
die Wahrheit bleibt das
worunter Authentizität zusammenbricht

Vergessen zum Besten

kein Zettel klebt an meiner Türe
wenn ich nach hause komme
keine Nachricht in der Küche
kein Hinweis unter dem Bettkissen
das ganze wäre fast tragisch
läge da nicht der süße Geruch
der Einsamkeit in der Luft

Done

nichts mehr zu tun
jetzt vielleicht Zeit für Erfolg
keine Worte mehr
um zu beschreiben was fehlt
und was da ist
beschreibt nur die Risse zwischen den Leerstellen
keine Lust mehr
auf das was noch kommt
von hier an
ist das Nachsehen asureichend

Radar

nichts dort außen scheint
mich etwas anzugehen
nur noch die Immerhörner
bei mir

Umgänglicher Ausweg

sich selbst der Lüge bezichtigen
um Schlimmeres zu vermeiden

Das Tribunal

Gnade vor Recht ergehen zu lassen
kann nicht eingefordert werden

Standardvision

zäh rinnt dein Schmeichel von meiner Phantasie
die sich so saftig spaltet

Festgehalten

Erinnern ist nicht das Gegenteil von Vergessen

Ich habe etwas schreckliches getan

bohren in den Zwischenräumen
sonst ist nirgends Platz frei

Belegplätze

irgendwann wird sich etwas um mich kümmern
bis dahin muss ich mich noch etwas banalisieren

Zusatzkennung

paint in the attic
will be my last addict

Ergoismus

für mich ist das nicht gut
dich bringt es nicht weiter
aber sie profitieren davon
hoffentlich

Unsägliches

du sagst dieses
ich entgegne jenes
erschreckend
dass wir kaum variieren
das Selbst hält uns gefangen
im Verlust des anderen

Das Inserat

keine Ungepflegtheiten bitte

Die Determinante

Kausalkettenbeweisführungsdurchbruch

Alles eine Frage der Einfühlung

dramalysiert den Konsens
der Erinnerungsüberwachung

Zweifelhafter Verzicht

du überlässt mir den Vortritt
in Bezug auf den Fortschritt
und das erklärt sich
durch mein Versäumnis
ich lege dir
ochsenblutfarbenes Parkett zu Füßen
zum Dank gewährst du mir
einen flüchtigen Einblick

Kunstführer

sobald ich in Gedanken eine Linie zeichne
wird sie langweilig
nur wenn das Blatt den Stift führt
gelingt etwas

Die Zweisamkeit

hat zum wiederholten Male
Widerhaken
in uns gebohrt

Im Sanatorium

wird zu selten
über Wiedergeburt sinniert

Betrug nenn ich das nicht

unentwegt bereue ich
dass so viel nicht dazu führte
dass etwas veranlasst wird
hat meist selbst einen Grund

wer es auslacht
lebt leichter
doch dazu bin ich leider
nicht aufgelegt genug

Verteilungsschlüssel

zum einen sind die Wege
ungleichmäßig verdeckt
dann bestreite ich
dass ich zu langsam bin
was mich blockiert
ist die Weichheit der Bande

Gesäugt von den Bäumen

gezeugt an den Säumen der Versuchung
beäugt von offenen Stränden
niemals gebeugt
nichts wird dich ändern

ich dachte alles kommt zu mir
wenn ich nur lange genug warte
doch stattdessen
wendet sich von den Wartenden alles ab

nur wer gierig etwas greift
bekommt ein Stück vom Braten
nur wer es den anderen zeigt
kann sich dabei erraten

Weg mit den Vögeln

weg mit den Interessenten
vernichtet alles Lob
tobt euch doch aus
gewöhnt euch ab
vernichtet die Arbeit
vernichtet den Spaß an der Freizeit
findet euch mit
dem Unerträglichen ab

Ende

und gut

Taten

wenn ich jetzt noch etwas täte
hätte ich nachher nichts mehr zu tun
hält dies vielleicht bis übermorgen
wenn ich's mir recht überlege
alles vergebens
heute ist schon genug passiert

Dies alles

all dies
so schnell gefasst
so schwer zu sagen
so schnell zu begreifen
so schwer zu vermitteln
wer all dies weiß
will dies alles teilen
in Teile, die leiden
an ihrem Teilsein
an ihrer Dabeiheit
weil wir nicht sagen können
was wir alles sein wollen

Zugegeben

das war gelogen
das war verdreht
grammatikalisch nicht korrekt
an den Haaren herbeigezogen
und sogar im Voraus geplant
deswegen war es
noch lange nicht unwahr

Umfang

du weißt zu viel von mir
zu viel um noch zu sagen
nein ich bins nicht gewesen
obwohl ich das genauso empfinde
deswegen gabst mir
etwas, das man wohl einen
Pass in den Lauf nennen könnte
und ich, ich war zu langsam

und jetzt leben wir untereinander
ein bisschen für immer
und dann fällt dir wieder
ein bisschen Wehmut ein

Abziehbild und Aufstehmännchen

wir liegen an einem Strand ja
aber irgendwie fühlt sich der Sand hier
nicht so gut an
wie auf der Fotografie

was tun wir dagegen?
Muscheln essen gehen ist sicherlich
eine gute Option
denn Muscheln essen gehen
ist schön

Erwischt auf dem Lidlparkplatz

welch Zufall
dich hier anzutreffen
ich habe schon gedacht
du sähest mich nie wieder

Fernweg

doch ganz nahe
ist die Steuerung
so erfolglos
wie randnarbenbündig

Der gute Einfall

die gute Idee
sie grabbelt an mir
empor doch rein
will sie nicht

will sich nicht
im Abendlicht
der untergehenden
Sonne entziehen

sie will einfach nicht mitbekommen
wie andere
sie überholen

Die Feigenbaumlatte

lehnt neben ihren Brüdern
nahezu verschmolzen
mit den Sargnägeln
ganz ohne Staubwolle

Das Land

zuletzt las ich Laub auf
bevor ich in die Küche ging
um kein Abendbrot zu richten
aß ich Kuchen

und sitze in der Küche
ohne Ereignis, nur als Verpasster
sehne mich nach dir
und deinem Körper

Fruchtfleisch

du setzt dich auseinander
angeblich mit mir
und mit Kunstgeschichte
intensiv und wissenschaftlich
setzt du dich auseinander

doch ich glaube
dort ist kein Platz für ein Objekt
du setzt dich auseinander

Dieses Zerrlicht

du siehst darin aus
als wärst du draußen
es hilft nichts
das Zerrlicht
ist hier fest installiert
hier werden wir bleiben
zumindest für die nächsten Stunden
doch es zerrt sich
in mir Information zusammen
gerinnt zu einem Punkt
wo vielleicht etwas beginnt
leider kann ich
dich kaum dabei sehen

Irgendwas anderes

in leichten Faltenbewegungen
erhebst du dich
in lebend Ähnliches
gebürstet von tausend
Feldausnadeln
du traust dich
trauernd zu zögern
bevor du handelst
das schätze ich an dir
und jetzt
will ich Fleisch dafür

Zurückdattteln

feuchter Tenorhusten
in kratzenden Wollsocken
Röte verwandelt Feldstecher
in Post-Metropolen
posieren gekonnt
für die nächste Einstellung
sprengen ungefasst
eine Eigentumswohnung
zersägen Metallsägen
mit Metallsägen
und sterben in
Metallsärgen
zucken nur klammheimlich
zusammen

Bezug und Bezirk

noch einmal auf
die Überlebenden zu überreden
ein Teil vom Sterben
ihnen abzunehmen

Ganz ohne dies und jenes

erscheint all das
ziemlich wenig
ist es letztendlich
überhaupt da?
oder weg?
kommen sie wieder
jenes und dies?
mir scheint es war ewig
als sich etwas
auf mir niederliess

Leider nur Parteigenossen

zusammen sind wir
alleine nicht da
ungemein eifrig
war diese Wahl

Die Zeche

lacht kichernd im Eck
an der Außenwand
also umrandet
von dunklen Athleten

Der Autor, geb. 1979 in Stuttgart, wohnt und arbeitet in Karlsruhe als Softwareentwickler, freier Künstler und Autor.

Kontakt:
0049 15231 935807
jvkleist@gmail.com